JOSEPH BLANC

CLÉMENT MAROT

SIMPLE ESQUISSE

CAHORS
IMPRIMERIE F. DELPÉRIER
1888

CLÉMENT MAROT

CLEMENS MAROTIVS PRIMVS
SVI TEMPORIS POETA GALLICVS

JOSEPH BLANC

CLÉMENT MAROT

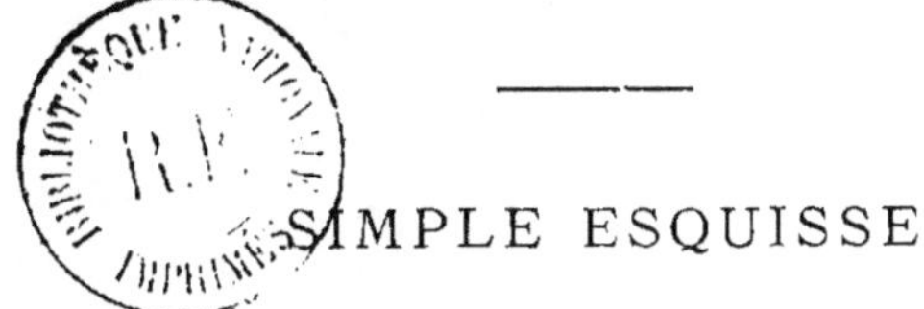

SIMPLE ESQUISSE

CAHORS
IMPRIMERIE F. DELPÉRIER

1888

CLÉMENT MAROT

Cahors est une cité qui se souvient. Parmi ses enfants, il en est d'illustres ; les uns ont vécu pour la patrie, d'autres sont morts pour elle. Des monuments perpétuent leur exemple et leur souvenir dans les murs de leur ville natale. Mais à Cahors on n'ignore pas que les poètes, comme les tribuns, comme les guerriers, contribuent à faire la grandeur d'un pays. Il appartenait donc à la Société des Etudes, à qui est confié dans notre vieux Quercy le dépôt des traditions littéraires, de faire revivre dans le marbre les traits d'un poète qui vit encore dans ses œuvres et dont notre ville peut être fière à juste titre : Clément Marot.

I

Nous ne nous proposons pas de faire ici une étude sur le célèbre poète, de retracer une histoire complète de sa vie et d'analyser son talent. Notre entreprise serait trop hardie. Du reste, la figure, la vie et le talent de Marot sont étudiés magistralement dans le savant travail de M. Charles d'Héricault. Nous ne voulons faire qu'une modeste esquisse ; puisse-t-elle faire connaître et aimer notre poète de ceux à qui leurs occupations journalières n'ont pas permis d'apprécier, comme il le mérite, son talent fait de délicatesse et d'enjouement. Si quelque psychologue recherchait quels furent les ancêtres de Marot, il ne manquerait pas de faire appel à la théorie de l'hérédité. Ses recherches, d'alleurs, ne seraient pas longues. Le père de Clément Marot était poète lui-même, poète élégant et léger. Originaire des environs de Caen, il vint s'établir à Cahors à la suite de circonstances qu'il serait trop long d'exposer ici. C'est dans notre ville que naquit, en 1495, celui qui devait être le précurseur de la renaissance littéraire en France. A peine âgé de dix ans, il suivit son père à Paris et ne tarda pas à être mêlé aux intrigues de la cour. Mais les impressions de l'enfance sont les plus fortes et s'effacent difficilement. Le jeune Clément n'oublia pas sa ville natale, et plus tard il lui consacrait ces vers charmants :

C'est vers Midi que les Dieux m'ont fait naitre.
....
Où le soleil non trop excessif est,
Par quoi la terre avec honneur s'y vest
De mille fruits, de mainte fleur et plante.
Bacchus aussi sa bonne vigne y plante
Par art subtil sur montagnes pierreuses,
Rendant liqueurs fortes et savoureuses.
....
..... au lieu que je déclaire,
Le fleuve Lot roule son eau plus claire,
Qui maint rocher traverse et environne
Pour s'aller joindre au droit fil de Garonne....
A brief parler, c'est Cahors en Quercy.

Celui qui devait célébrer ainsi son pays d'origine fut d'abord mêlé à la chicane ; mais un esprit comme le sien n'était pas fait pour se plier aux travaux d'un clerc de procureur. Aussi Marot ne tarda-t-il pas à entrer dans l'entourage de Marguerite de Navarre. François Ier, qui tournait galamment les madrigaux, reconnut bientôt son talent et se l'attacha comme valet de chambre. Le poète partagea dès ce jour la fortune de son maître et le suivit dans le Hainaut et dans son expédition en Italie. A Pavie, il fit vaillamment son devoir, fut blessé et fait prisonnier. Mis en liberté en 1525, il rentra aussitôt à la cour. En ce moment, l'avenir se présentait à lui sous les formes les plus riantes, et sa vie eût pu n'être semée que de roses si son cœur n'eût pas été celui d'un poète, c'est-à-dire d'un amoureux. Mais dans cette cour de France il y avait tant de femmes remarquables par leur beauté et leur esprit ! Marot eut le tort, tout en cueillant les fleurs qui se pressaient sous ses pas, de rêver un idéal inaccessible. Cette jeune fille, qui avait été arrachée aux bras de son père chaste et pure pour être portée entre ceux d'un royal amant,

Diane de Poitiers, comtesse de Brézé !

celle-là qui appartenait au roi seul et que des mains profanes ne pouvaient approcher, fit battre le cœur du valet de François Ier. Il eut encore le tort de lui déclarer son amour, en vers fort bien tournés il est vrai, ce qui n'empêchait pas cet aveu d'être une imprudence, et Diane lui répondit en le faisant emprisonner au Châtelet sous des motifs futiles,

« Prenez-le, il ha mangé du lard ! »

Vers cette même époque, Marot fut marié ; l'histoire ne le représente pas comme le modèle des époux. Disons toutefois que de ce mariage il eut un fils nommé Michel.

Du Châtelet il fut transféré à Chartres où il composa un poème, l'*Enfer*, qui contient certains traits d'une grande vigueur. Mais dès que François Ier revint à la cour, le roi donna ordre de mettre en liberté son poète favori, et Clément Marot reprit ses aventures galantes et recommença ses épigrammes. On raconte même que les dames de Paris formèrent contre lui une ligue rien moins que pacifique. Mais bientôt il eut à se préoccuper d'un danger plus sérieux : il était suspect, il était soupçonné d'hérésie ! L'apparition en France d'une religion nouvelle venait de réveiller dans tous les esprits de funestes instincts de fanatisme. Des questions de dogme allaient créer de sanglantes dissensions dans un pays qui commençait à peine à former son unité, et y allumer la guerre civile. Le fanatisme n'épargne rien et tous les hommes en sont victimes, à quelque classe qu'ils appartiennent. D'ailleurs, dans ces siècles encore ténébreux, à l'époque où chez un peuple voisin de la France régnaient les despotes de la sainte Inquisition, les savants étaient considérés comme des ennemis de la religion, et tous les hommes instruits, orateurs, écrivains, poètes, étaient compris dans cette catégorie d'excommuniés. Clément Marot étant poète, fut suspecté dès les premières manifestations en faveur de la religion réformée. Ce n'était pas d'ailleurs sans raison, Marot ayant adhéré au culte protestant. Il fut obligé de demander asile à Marguerite de Navarre, la plus puissante de ses protectrices, et, ne se trouvant pas assez en sûreté dans le Béarn, il passa en Italie, à Ferrare, chez Renée de France. Là encore ses ennemis s'acharnèrent sur lui et il dut se retirer à Venise. Il ne lui fut permis de rentrer à la cour que lorsqu'il eut abjuré le protestantisme à Lyon en 1536; François Ier le reprit à son service et se déclara ouvertement son protecteur. Mais la publication de la traduction des *Psaumes* rappela sur le poète tous les anathèmes de l'Eglise. On défendit d'imprimer son ouvrage et l'auteur fut exilé à Genève. Les réformés, ses coreligionnaires, qui affectaient une pureté de mœurs à toute épreuve, réprouvèrent dans cette ville ses habitudes plus que légères, et ils lui auraient fait un mauvais parti sans la protection du tout puissant Calvin. Marot put, grâce à lui, se retirer tranquillement à Turin, où il mourut en 1544, après avoir chanté sa vie entière le plaisir et l'amour.

II

Telle fut la vie de Clément Marot. Au milieu d'épreuves souvent injustes et toujours cruelles, son talent et sa gaieté ne l'abandonnèrent jamais. Ses ennemis lui inspirèrent souvent de mordantes épigrammes, et les beautés féminines qui firent battre son cœur, — elles furent nombreuses — furent chantées par lui dans des rondeaux, des ballades, des madrigaux d'une rare perfection. Citons parmi tant de chefs-d'œuvre, et presque au hasard, une délicieuse chanson : *Je suis aymé de la plus belle*, une ballade, *le chant de May*, une épigramme sur lui-même où il se peint admirablement:

Plus ne suis ce que j'ay esté
Et plus ne sçaurais jamais estre.
Mon beau printemps et mon esté
Ont fait le saut par la fenestre.
Amour, tu as esté mon maitre,
Je t'ai servi sur tous les Dieux.
O! si je pouvais deux fois naitre
Comme je te servirais mieux!

Cependant si l'amour était un maitre vraiment juste il n'aurait pas à se plaindre de notre poète. Marot fut un de ses fidèles les plus passionnés; il faut avouer qu'en le servant il ne faisait que payer une dette de reconnaissance, car l'amour lui avait donné en grande partie son talent. Tant que Clément Marot se borna à imiter les fades allégories du moyen âge, à rééditer les galanteries surannées du *Roman de la Rose* et des autres œuvres conçues dans ce goût, il ne s'éleva pas au-dessus d'une honnête médiocrité. Mais ces tâtonnements ne durèrent pas longtemps. Il comprit bientôt que c'était à ses seuls sentiments qu'il devait demander des inspirations, et dès ce jour il trouva le chemin qui devait le conduire à la gloire. Il ne faudrait pas cependant s'imaginer que Marot ne sait chanter que l'amour et le plaisir. Nous avons déjà fait remarquer qu'il maniait très adroitement et très finement l'épigramme. Peut-être serait-il plus exact de dire la satire, car à son époque le mot épigramme avait un sens beaucoup plus étendu que celui que nous lui donnons aujourd'hui, et était souvent attribué à de véritables madrigaux. Il n'en est pas moins vrai que, dans ce genre, Marot a acquis une célébrité méritée, et consacrée à jamais par le vers de Boileau :

Imitez de Marot l'élégant badinage.

Malheureusement ce badinage marotique est à peu près inimitable, et il est à craindre que le conseil de

Boileau ne soit jamais victorieusement mis en pratique.

Clément Marot a également écrit des épitres dont quelques-unes sont des chefs-d'œuvre. Nous n'avons pas besoin de citer ici celle où il raconte, avec une verve si fine et si plaisante, qu'il a été dérobé par son valet. Elle est dans la mémoire de tous les lecteurs du poète. On n'ignore pas non plus qu'une des plus belles fables de la Fontaine, le *Lion et le Rat*, est moins empruntée aux auteurs anciens qu'à Clément Marot lui-même et ne surpasse peut-être pas son modèle en simplicité et en délicatesse.

Marot a encore un mérite qu'il faut signaler entre tous : il a hérité d'une langue bien imparfaite ; successeur de Villon et précurseur de Ronsard, il a perfectionné cette langue et commencé ainsi l'œuvre que la Pléïade devait pousser plus loin que ne l'exigeaient le bon goût et la conscience du génie de la langue française. A peine pouvons-nous aujourd'hui comprendre Villon, son prédécesseur immédiat ; les œuvres de Ronsard sont parfois inintelligibles. Mais nons lisons avec plaisir et nous entendons toujours les vers de Marot. C'est que si notre poète a eu le talent de ne pas imiter Villon en se servant d'une langue vieillie sans essayer de la rajeunir, il n'a pas essayé comme Ronsard de parler en français grec et latin.

Autant la langue de Marot est claire, autant son style est souple et élégant ; parfois même il peut s'élever et acquérir de la force et de la majesté, comme l'attestent certains passages de l'*Enfer*. Mais le propre de Marot c'est de jouer avec les mots et le rythme comme avec les plaisirs, et c'est dans les pièces où il s'abandonne à son inspiration et à sa gaieté naturelles que se trouve la véritable empreinte de son génie.

***

Nous serions heureux si cette légère esquisse de la vie et du talent de Marot pouvait montrer combien il est juste de se souvenir d'un poète qui nous fait encore aujourd'hui passer tant d'heures agréables, et de lui rendre un éclatant hommage dans sa ville natale. Maintenant que la nouvelle génération comprend que la glorification des hommes célèbres est une œuvre de piété nationale, poètes, écrivains, orateurs, musiciens, soldats, tous ceux dont le nom mérite d'être conservé, revivent dans une image qui est une résurrection. C'était un devoir pour Cahors d'élever sur une de ses places publiques un monument à son poète, qui fut une illustration non-seulement de la province du Quercy, mais aussi de la France entière. Aussi toute la France applaudira au moment où tombera le voile du monument et où apparaîtront les nobles traits de celui qui fut le frère d'Horace et le rival d'Anacréon.

www.ingramcontent.com/pod-product-compliance
Lightning Source LLC
LaVergne TN
LVHW050514160826
845677LV00003B/1132

* 9 7 8 2 3 2 9 6 3 3 2 4 4 *